AF341824

LE

VOYAGE D'ULYSSE

EN GERMANIE.

Qui domiter Trojæ. . . . .
. . . , adversis rerum immersabilis undis.

Hor., l. 1, ep. 2.

Au troisième chapitre de la GERMANIE de Tacite, se rencontre le passage suivant, qui vient immédiatement après la mention du *Barditus*, ancien chant populaire et guerrier des Germains : « C'est l'opinion de quelques-uns qu'*Ulysse*, dans le cours de sa longue et fabuleuse erreur, jeté sur cet océan, aborda aux terres de la Germanie ; qu'il y fonda et nomma la ville d'ASCIBURGIUM, située sur la rive du Rhin, et encore aujourd'hui habitée ; qu'on aurait, en outre, découvert jadis dans le même lieu un autel consacré à Ulysse et à son père Laërte ; qu'enfin de certains monuments et des tombeaux avec des inscriptions en lettres grecques existeraient de nos jours sur les confins de la Germanie et de la Rhétie. Je n'entends, du reste, appuyer ni réfuter de telles asser-

tions, chacun est libre de les admettre ou de les rejeter (1). »

Il était difficile de présenter, avec plus de tact et une
réserve plus exquise, le fait étrange et inattendu que le
grave et judicieux historien a cité, non comme son propre dire, mais comme *l'opinion de quelques-uns*. Pour
nous, nous lui savons un gré égal, et de la prudence
avec laquelle il a accueilli cette fable apparente, et de
cet esprit d'exactitude qui l'a déterminé à la consigner,
malgré ses doutes, dans une page de ses immortels écrits.
Le gendre d'Agricola, tout en se complaisant à tracer le
tableau des mœurs simples de la Germanie, pour l'oppo-
ser aux Romains comme une satire éloquente de leurs
mœurs corrompues au sein des richesses, n'a avancé, dans
cette allégorie d'un nouveau genre, à peu près aucun fait
qui ne soit aujourd'hui reconnu comme historique. On ne
peut donc douter que cette mention d'*Ulysse*, fondateur
d'*Asciburgium*, quelque suspecte qu'elle ait apparu à
l'auteur romain, n'ait fait partie des renseignements qui
lui furent transmis sur la Germanie. C'est comme tel que
nous accueillons ce fait; et, puisque l'impartial écrivain
a légué, à ses lecteurs de tant de siècles, la liberté
d'en restreindre ou d'en étendre la portée, nous choisis-
sons ce dernier rôle, et nous voulons sonder si ce voyage

(1) Ceterùm et Ulixem quidam opinantur, longo illo et fabuloso errore,
in hunc Oceanum delatum, adisse Germaniæ terras, Asciburgiumque
quod in ripâ Rheni situm, hodièque incolitur, ab illo constitutum nomi-
natumque. Aram quin etiam Ulixi consecratam, adjecto Laertæ patris
nomine, eodem loco olim repertam : monumentaque et tumulos quos-
dam, græcis litteris inscriptos, in confinio Germaniæ Rhetiæque adhuc
exstare. Quæ neque confirmare argumentis, neque refellere in animo
est; ex ingenio suo quisque demat, vel addat fidem.

ne recèle pas, sous son enveloppe fabuleuse, quelque tradition importante du pays.

C'était un usage reçu chez les anciens, de rapporter aux noms de leurs dieux et de leurs héros les attributs des dieux, ou les gestes des héros étrangers. Ils prêtaient leurs divinités à toutes les nations barbares, qui, à coup sûr, s'en doutèrent peu, et ne continuèrent pas moins d'honorer les dieux qui leur étaient propres sans se mettre en peine de la théologie d'Homère. Ainsi Hercule, ce prototype de l'homme fort et du conquérant héroïque, a été en quelque sorte préposé par l'imagination des Grecs, pour recueillir sous son nom colossal les exploits des plus fameux conquérants dont la mémoire se fût conservée chez les nations. Les poëtes ont supposé qu'il parcourut la Grèce, l'Italie, l'Espagne, la Libye, l'Égypte, l'Inde : Hérodote prétend que les Scythes ont conservé le souvenir de son passage en leur contrée (l. IV). Et Tacite le retrouve en Germanie. Tout cela ne veut pas dire, sans doute, que le fils d'Alcmène, à la tête d'une poignée de Thébains, et le bras armé d'une massue, ait traversé en vainqueur tant de pays, mais, plutôt, que les exploits des conquérants étrangers les plus célèbres ont été détournés de leur gloire indigène, et rassemblés sous la peau du lion de Némée, pour être offerts dans un seul groupe en contemplation à la foule privilégiée des peuples helléniques. Or, de même qu'Hercule est le héros combattant, Ulysse est le type du héros voyageur et aventureux. Son nom se substitue merveilleusement à celui des voyageurs anonymes de la haute antiquité. Aussi, pour le maintenir en possession de ce privilége, les anciens se gardèrent-ils bien de penser que le cercle de ses

LONGUES ERREURS dût être restreint à celui de l'épopée homérique. Strabon dit positivement : « Homère a raconté les événements qui concernent ce prince à la demande de son œuvre poétique ; Ulysse, non-seulement a visité l'Italie et la Sicile, mais encore il a étendu ses courses au delà des colonnes d'Hercule, dans l'océan Atlantique ; et notamment il s'est avancé jusqu'aux extrémités de l'Ibérie et de la Lusitanie, où il a bâti un temple à Minerve et fondé une ville nommée *Ulyssea* (1). » C'est cette ville d'*Ulyssea*, nommée, plus généralement par les géographes, *Olyssipo*, qui se trouve être l'origine de la capitale actuelle du Portugal, Lisbonne (2).

Si, des rives du Tage, le fils de Laërte remet à la voile, le rhéteur Solin s'offre à lui servir de pilote et se charge de démontrer, par des inscriptions recueillies dans la Grande-Bretagne, que ce prince des voyageurs a poussé ses pérégrinations jusqu'en ces parages reculés :

Et penitùs toto divisos orbe Britannos (3).

Or, des blanches falaises d'Albion, ou des pics né-buleux de la Calédonie, à l'océan Germanique et aux

---

(1) Strab. lib. iii, pag. 22, 149, 157. etc.

(2) Ibi oppidum *Ulyssipo*, ab Ulysse conditum, ubi Tagus flumen. — Solin, cap. 26.

(3) Voici le passage de Solin : *Finis erat orbis ora Gallici littoris, nisi Britannia insula non quâlibet amplitudine nomen penè orbis alterius mereretur. In quo recessu Ulyssem Calydoniæ appulsum manifestat ara græcis litteris inscripta voto.* — Cap. 26. Les notes insérées aux classiques de Le Maire, sur le passage de Tacite en question, prétendent aussi que Pomponius Mela a de même conduit Ulysse dans la Grande-Bretagne ; mais j'ai vainement feuilleté Mela pour acquérir la certitude que ce géographe ait émis cette assertion.

bords du Rhin, ce n'est plus l'affaire que de quelques bordées, ou celle d'une simple bourrasque du vent de sud-ouest, si fréquent sur cette mer. Ainsi l'on peut dire qu'à la rigueur l'itinéraire du roi d'Ithaque se trouve tracé depuis les colonnes d'Hercule jusqu'à l'embouchure du Rhin, et que le périple de Tacite est accompli : mais ce n'est point par cette longue et fabuleuse erreur, *longo illo et fabuloso errore*, que nous entreprendrons d'expliquer le récit de Tacite, et la présence d'Ulysse en ces contrées.

Il nous paraît beaucoup plus vraisemblable que Tacite ou ceux dont il tenait ses renseignements ont attribué au nom d'Ulysse la tradition de quelque mythe de la Germanie ; que de certains rapports d'aventures, peut-être même des ressemblances de noms, ont pu faire prendre le change à des Romains, et les induire à penser que des faits merveilleux, racontés de quelques anciens héros indigènes, pouvaient faire reconnaître le passage en ces lieux d'un héros de la Grèce fabuleuse. C'était dans les procédés historiques du temps. Il nous semble particulièrement que le mythe d'Odin et de la migration des Ases offrait des concordances suffisantes pour motiver cette confusion.

En effet, ainsi qu'Ulysse, Odin, d'après la tradition du Nord, partit des contrées voisines du Pont-Euxin : seulement au lieu de venir par la voie maritime et de tourner les colonnes d'Hercule, il dirigea sa marche par terre, en s'avançant vers le nord-ouest. Il fit reconnaître son autorité en Germanie avant de passer dans la péninsule scandinave, où il fixa le siége de son empire. Ne serait-il pas possible que dans ce nom d'Odin, présenté sous les formes *Odinus, Wodenus,* le tout assaisonné d'accent suève ou marcoman, on eût cru reconnaitre le nom grec d'Ulysse, Οδσσεὺς et en dialecte éolien Οδυσος ? La renommée aventureuse d'Ulysse, et l'habitude de rapporter aux fables classiques les mythes étrangers, prêtaient assez bien à ce rapprochement.

Mais, s'il existe une similitude remarquable entre le nom grec d'Ulysse et celui d'Odin, il s'en présente une plus frappante encore entre le nom de la cité mythique d'Odin, Asgard, et celui de la ville germanique, dont la fondation est attribuée à Ulysse, Asciburgium.

Asgard, dans sa forme scandinave, signifie la *cour* ou la *ville des Ases*. Les Ases sont les dieux des Goths, ou, suivant l'expression de Jornandès, ils sont leurs ancêtres, honorés comme des demi-dieux : « *Proceres suos non puros homines, sed semideos, id est, Anses vocavêre* (de Rebus Geticis, XIII). Il faut remarquer ici que Jornandès, de même que Cassiodore qui a été copié et abrégé par lui, ayant vécu parmi un peuple de souche gotho-germanique, ces deux auteurs ont dû dire ou écrire *Anses* (Ans), qui est la forme germanique, non *Ase* (Ass), qui est la forme scandinave, ni *Os*, qui est la forme anglo-saxonne.

Les antiquaires du Nord, pour faire la part de l'histoire et de la fable, ont avec raison jugé convenable de distinguer deux *Asgards*. L'une terrestre, d'où l'on suppose que partirent les Ases, quand ils vinrent de l'Asie, sous la conduite d'Odin, s'établir sur les bords de la mer Baltique. Cette Asgard semble particulièrement indiquée dans les sagas en prose, ou livres historiques; ainsi on lit dans l'*Ynglinga-Saga* de Snorre Sturleson, chap. 2 : A l'orient du Tanaïs, en Asie, la contrée se nommait *Asaland* ou *Asaheim*, et l'on appelait la capitale *Asgard*. Nous ne chercherons pas à préciser quelle ville a pu être cette *Asgard* ; est-ce la ville d'Azof (As-hoff), à l'embouchure même du Tanaïs ? Est-ce, comme l'ont proclamé les Scaldes du moyen âge, Byzance ou l'homérique cité de Troie ? Est-ce Kashgar, cette ville de l'Altaï, si délicieusement illustrée par l'histoire du *Cheval enchanté*, dans les Mille et Une Nuits ? La terre des Ases enfin (Asaland), n'est-elle autre que l'antique région du Caucase, dont le nom semble rappeler encore celui de ce peuple mystérieux, et aux cimes élevées de laquelle se rattachent les plus lointaines traditions de la race humaine (1) ? Sur tout cela, nous dirons, avec notre prudent classique, que chacun en doit croire ce que bon lui semble : *ex ingenio suo quisque demat vel addat fidem*. L'autre Asgard est l'Olympe scandinave ; elle fut évidemment calquée sur la première, et cette déification des hommes et des choses se trouve curieusement exprimée dans le passage suivant d'une saga : « Et alors cette terre dont les Ases prirent possession fut appelée *Godland* (terre des Dieux ou des Goths). Odin et ses fils étaient très-savants et habiles en tout ; ils avaient le teint blond et une grande vigueur corporelle ; plusieurs autres de leur race étaient doués d'une grande force et autres qualités éminentes. Le peuple commença à les adorer et à les appeler ses dieux (2). » L'Asgard

(1) Pour toutes ces hypothèses, consultez le *Lexicon Mythologicum* du savant professeur islandais Finn-Magnussen, aux mots *Odin* et *Asgard*.

(2) Sögubrot of þáttir vidkommandi Danmark sogu. Ce fragment historique est imprimé à la suite de la *Knytlinga-saga*, au tome XIe des *Fornmanna-sögur*. Copenhague, 1828.

primitive fut également transportée au ciel, et sur elle régna Odin, non plus Odin héros et conquérant, mais Odin devenu dieu et régulateur suprême de l'univers. C'est de cette Asgard que toujours il est question dans les chants les plus anciens de l'Edda. Mais il nous suffit de constater qu'Asgard, considérée au ciel et sur la terre, est essentiellement la patrie d'Odin et des Ases.

Maintenant, si nous rapprochons d'Asgard le nom d'*Asciburgium*, après l'avoir dépouillé de son costume latin et réduit à ses éléments teutoniques, nous trouverons *As-burg* ou *Ans-burg*, c'est-à-dire la forme germanique qui correspond à la forme scandinave *As-gard*. En effet, la terminaison *-gard*, si usitée dans l'ancienne Scandinavie, a été de tout temps inconnue dans la Germanie, et réciproquement la terminaison *-burg* n'a été introduite qu'assez tard, et par une imitation de l'Allemagne, en Danemarck et en Suède, (*-borg*). Ainsi, cette même expression : *la ville* ou *l'empire des Ases*, devait se traduire au nord de la Baltique par ASGARD, et au sud de cette mer, par *As-burg* ou *Ans-burg*. Cela posé, l'analogie devient frappante entre l'*Asgard* scandinave et l'*Asciburgium* de Tacite. Cette dernière ville, dont quelques-uns croient reconnaître les vestiges phoniques dans Aschaffenburg ou dans Asberg, semble, ainsi qu'Asgard, appartenir à la mythologie autant qu'à l'histoire ou à la géographie. Si elle a été indiquée comme située sur les bords du Rhin, c'est qu'il était naturel d'assigner, pour position à une ville primordiale ou mythique, la rive du fleuve le plus célèbre de la contrée. Tacite seul en parle, et cela avec réserve et sur l'avis de quelques-uns; en tous cas il est possible que dans la Germanie

une ville et même plusieurs villes aient été dédiées à Odin
et aux Ases (1).

Le reste du passage de Tacite ne contient rien qui
puisse détruire le parallélisme que nous avons établi entre
le mythe du Nord et la version romaine. L'autel trouvé
jadis dans *Asciburgium*, et contenant le nom d'Ulysse
avec celui de son père Laërte, peut très-bien s'expliquer
par le nom d'Odin et par celui de quelque autre personnage de la mythologie gothique, susceptible d'être
assimilé à Laërte, comme celui de *Lodur*, frère d'Odin,
le nom de *Loke*, etc. Les monuments et tombeaux avec
inscriptions grecques, indiqués comme se trouvant
aux confins de la Germanie et de la Rhétie, ont pu
exister sans qu'Ulysse lui-même vînt les ériger ou les
graver : ils ont pu être consacrés sur la tombe de quelques prisonniers grecs par leurs compagnons d'infortune ;
ces monuments pourraient même avoir été des pierres
runiques, dont les caractères auraient été pris pour des
lettres grecques. Ces faits, du reste, sont trop vagues
et trop incertains pour nous arrêter plus longtemps.

Mais, si l'histoire d'Ulysse et celle d'Odin ont pu donner lieu à cette confusion par la ressemblance des noms,
par la conformité d'un point de départ oriental et plus
ou moins rapproché de l'Euxin, le parallélisme se sou-
tiendra-t-il dans la supputation des dates historiques ?
Plusieurs historiens modernes, prenant pour base le
thème rédigé par Snorre dans l'Ynglinga-saga, et les
données plus incertaines encore des autres Scaldes, ont
assigné à l'arrivée d'Odin une origine comparativement

---

(1) Grimm fait une longue énumération des lieux ainsi consacrés
à Odin et aux Ases, en Allemagne, en Scandinavie, en Angleterre, etc.
Deutsche Mythologie, p. 103.

moderne. Snorre, recueillant au XIII⁰ siècle les traditions vagues de la Scandinavie, a écrit qu'Odin, grand
guerrier et grand voyageur, quitta les bords de la mer
Noire et s'avança dans le nord pour se soustraire aux
conquêtes des Romains qui envahissaient l'Asie (1). Ce
motif de voyage a sans doute été inventé par Snorre lui-
même, homme instruit pour son époque, et qui s'effor-
çait d'éclairer par sa propre érudition les nébuleux ré-
cits des bardes qui l'avaient précédé. Quoi qu'il en soit,
ce fait, jeté en avant, peut faire allusion aux exploits de
Pompée, à ceux de Corbulon ou de Trajan, et les dates
qui en résultent coïncident assez bien avec les généalogies des rois de l'octarchie saxonne; car il est remarquable que ces huit dynasties prétendirent descendre,
chacune en ligne directe, d'Odin. Leurs généalogies pré-
sentent, depuis Odin jusqu'aux fondateurs anglo-saxons,
seulement cinq, six, et tout au plus huit ou dix généra-
tions qui, étant évaluées à raison de 3o ans pour chacune, ne donnent qu'une somme totale de 25o à 3oo ans
à placer avant l'arrivée d'Hengist, Ella, Cerdic ou Ida
dans la Grande-Bretagne, c'est-à-dire avant les années
45o — 55o. Ce qui indiquerait pour date à l'existence
d'Odin le troisième siècle de notre ère, date qu'ont
adoptée, dans ces derniers temps, les historiens de la Scandinavie, et Turner, en son histoire des Anglo-Saxons.
Mais cette manière, si commode pour les historiens, de
grouper les faits d'après des sagas romanesques et dé-
nuées de chronologie, n'a pas été goûtée par l'école in-
vestigatrice et rigide qui aujourd'hui traite la question

____

(1) Ynglinga-saga, ch. 5.

des antiquités gothiques au point de vue de la philologie et de la mythographie. Les généalogies anglo-saxonnes ou scandinaves ont le défaut opposé de celles de l'Inde et de la Chine, qui, à force de s'étendre, plongent les sources de l'histoire dans un abîme incommensurable : ici, par un excès inverse, les supputations se trouvent avoir été resserrées dans une illusion non moins décevante, car elles placent un fait important de migration à une date peu admissible, à une époque qui n'aurait pu échapper aux informations des écrivains grecs ou byzantins, et ceux-ci cependant n'en ont pas parlé. D'ailleurs tout concourt à donner à ces généalogies un caractère apocryphe : ce hasard, huit fois répété, qui rattache invariablement, au principal dieu du pays, les pirates aventuriers qui fondèrent les royaumes saxons : ces noms disposés, suivant l'observation de M. Kemble (1), de manière à produire, à l'égard l'un de l'autre, un effet d'allitération ou de mètre poétique ; tout cela dénote, ou une consécration mythique, ou une commande orgueilleuse exécutée par la flatterie.

L'illustre Grimm, qui a consacré un chapitre de sa *Deutsche Mythologie* à des investigations sur le culte d'Odin, insiste sur l'antiquité et sur l'universalité de ce culte parmi les nations gothiques. Selon lui, Odin a toujours passé pour le Dieu créateur, pour le Dieu tout-puissant et tout connaissant ; il cite, à l'appui, ces paroles de Paul Diacre, historien lombard : *Wodam, ab universis Germaniæ gentibus, ut deus adoratur, cui non circa hæc tempora, sed longè anteriùs, nec in Germaniâ sed in Græciâ*

______

(1) Kemble's translation of Beowulf, an anglo-saxon poem. ; préface, p. XXIX.

fuisse perhibetur. Kemble, le disciple éminent, et aujourd'hui l'émule de Grimm, déclare, dans la préface de la traduction anglaise qu'il a donnée de l'antique poëme anglo-saxon intitulé : *Beowulf,* qu'il y a nécessité de rompre avec l'école historique, et de rejeter la chronologie que Suhm a établie dans son histoire de Danemark (et de même par conséquent celle de Turner pour les généalogies anglo-saxonnes); il ajoute qu'il faudrait, au moins, une demi-douzaine d'Odins pour satisfaire à tous les faits, pour accomplir tous les rôles qui sont attribués à ce nom. C'est qu'en effet plus l'on étudie les antiquités des peuples gothiques, plus on reste convaincu qu'Odin n'est pas un personnage saisissable au point de vue de l'histoire positive : c'est un mythe, c'est la personnification de l'émigration asiatique vers la Germanie et vers le nord. C'est peut-être, comme l'insinue le savant professeur Finn Magnussen, la personnification du culte de l'Orient, présentée sous une forme très-rapprochée du nom de *Buddha,* car il y a bien près de ce dernier nom à la forme islandaise *odhin,* et surtout à la vieille forme germanique *wodhan.*

Les historiens romains, sans jamais nommer Odin, font plusieurs fois allusion aux mythes odiniques. Ainsi, quand Strabon et Tacite représentent Mercure comme le dieu principal des Germains, ils entendent vraisemblablement indiquer par là le culte d'Odin, prince des runes et de la magie (Runhofdhi), attribut qui assimile Odin à Mercure, dieu de l'éloquence, et à Hermès-Trismégiste, inventeur de l'écriture. L'identité de Mercure et d'Odin a été signalée par tous les anciens historiens gothiques, tels que Saxo-Grammaticus, Adam de Brême, Paul War-

nefrid, Malmesbury, etc. (1). Elle se trouve notamment
consacrée par le nom du troisième jour de la semaine,
du mercredi, qui, chez les nations de souche latine, est
dédié à Mercure, tandis que chez les nations gothiques
il est consacré à Odin ou Woden. C'est en islandais
Odins-dagr, en anglo-saxon, *Wodenes-dæg*, etc. Les
noms mentionnés par Tacite, des trois souches primor-
diales des peuples de la Germanie, issues du dieu *Man-
nus*, savoir, les *Ingevones*, les *Isterones*, les *Herminones*,
appartiennent à des racines mythiques : *Ingwi*, *Iscæ*,
Irmin : le nom du fameux vainqueur de Varus, *Arminius*
se rattache lui-même à ce dernier radical (2). Il ne sau-
rait donc être douteux qu'au temps de Tacite, le mythe
d'Odin ne fût déjà existant et même déjà ancien en Germanie. Les savants modernes ont signalé les nombreuses
allusions à ce culte, qui se trouvent consignées dans son
livre. M. Schrader, dans un ouvrage qu'il vient de publier
à Berlin, cette même année 1843, sous le titre de *Ger-
manische Mythologie*, rentre plus que tout autre dans
notre thème, et dit page 109 : « Les voyages d'Odin, et
l'invention de l'écriture que les Germains lui attribuè-
rent, comme les Grecs et les Egyptiens la rapportèrent
à Hermès et à Thaut, furent sans doute les motifs qui
portèrent Tacite à substituer le nom de Mercure à celui
d'Odin, et à dire que Mercure est le dieu principal des
Germains. » Puis l'auteur prussien ajoute : « Peut-être
même les longues *erreurs* d'Odin (Wanderungen) sont-
elles ce que Tacite a voulu exprimer par la fable d'Ulysse
et d'Asciburg. »

(1) Voyez Finn Magnussen et Nyerup, au mot *Odin* de leurs diction-
naires mythologiques.

(2) Grimm, Deutsche Mythologie, p. 205 à 212.

S'il est un fait dans l'histoire ancienne, qui ressemble à la migration d'Odin et des Ases, c'est assurément celle des Cimmériens, de ce peuple dont la destinée singulière ne se révèle dans l'histoire que par un départ et une disparition. Les Cimmériens sont partis des bords de l'Euxin, de la Chersonnèse-Taurique, qui jusqu'à nos jours a conservé d'eux le nom de Crimée. Le savant Fréret, en deux de ses mémoires les plus intéressants, discute habilement le départ des Cimmériens ; il explique leur marche depuis la Tauride jusque dans la Chersonnèse-Cimbrique, qui n'est autre chose que le Jutland actuel. Cette migration est tout à fait semblable à celle des Ases, telle que la donnent les sagas : car il est dit, dans ces sagas, qu'Odin partit des rives de la mer Noire, et qu'il poursuivit sa marche jusque dans un pays auquel il donna le nom de *Reidgotaland*, c'est-à-dire terre des Goths cavaliers. Or, le Reidgotaland, continuent les mêmes sagas, porte aujourd'hui le nom de Jutland. Mais les Cimmériens et les Cimbres étaient considérés, dans l'état actuel de la science, comme appartenants à la race celtique, non à la souche des Goths. Je ne pousserai pas plus loin ce parallèle : qu'il me soit permis seulement de le signaler et de présenter encore une observation à l'appui : c'est qu'au point de départ des Cimmériens en Tauride, comme à leur point d'arrivée en Jutland, tous les documents philologiques nous indiquent la trace de peuples gothiques comme ayant été les anciens habitants de ces lieux. Peut-être après les révolutions que la Crimée a subies depuis un siècle, ces traces seraient-elles difficiles à trouver aujourd'hui ; mais elles ont été constatées dans le 17ᵉ siècle, avec un remarquable degré d'évidence par le savant

diplomate Auger-Busbek, dont les observations princi-
pales sont consignées dans la préface du *Glossarium suïo-
Gothicum* de Ihre, § VII; et quant au Jutland, on sait
que cette presqu'île est occupée en entier par la langue
du nord, depuis le cap Skagen jusqu'au bord de l'Eider,
petit fleuve qui marque la séparation entre le Sleswig et le
Holstein, et, en même temps, entre les pays scandinaves
et les pays germaniques. Aucun peuple celtique n'a, au
contraire, laissé de vestiges manifestes de son passage
dans les deux contrées dont il s'agit. Mais, que la migration des Ases et d'Odin puisse se rattacher à celle des
Cimmériens, ou qu'elle dépende de tout autre fait in-
connu aux historiens grecs et latins, il nous suffit qu'elle
puisse être rejetée dans une certaine antiquité, pour qu'il
nous soit permis d'admettre sinon comme un fait historique avéré, du moins comme une hypothèse plausible,
que Tacite, lorsqu'il a indiqué Ulysse comme étant venu
des rives de Troie dans la Germanie, pour y bâtir la ville
d'*Asciburgium*, a simplement donné la traduction grec-
que du mythe d'Odin, et qu'Ulysse (Ὀδυσσεὺς) fondateur d'*Asciburgium*, n'est autre qu'Odin, dieu ou héros
également venu de l'Orient, également parti de ces ri-
vages qui séparent l'Europe de l'Asie, chef suprême d'*Asgard* ou d'*Ansburg* qui fut la ville mythique, l'Olympe,
la Jérusalem céleste des anciens peuples gothiques.

CH. DE **SOURDEVAL.**

Tours, imp. de MAME.